AF374233

LA LUNA DE SELENA

La luna de Selena
© *Manuel Hadder Ceballos Jiménez*

Edición 2024

Todos los derechos reservados.
Se prohíbe la reproducción parcial o
total por cualquier modo,sea mecánico,
fotocopiado o electrónico, sin la
respectiva autorización
de la editorial.

ISBN: 979-8-3302392-9-0

LA LUNA DE SELENA

Manuel Hadder Ceballos Jiménez

LA LUNA DE SELENA

Selena es el nombre de mi primera nieta, primogénita de mi hijo varón y su esposa. Es también la primera nieta de los abuelos maternos. Asemejo su nombre al de Selena la Diosa Griega de la Luna, ha llegado a traer su luz a sus jóvenes padres y a sus abuelos. Este nombre de Selena lo escogieron sus padres.

Para Selena he recuperado el Mito de la creación del sol y de la luna en la historia precolombina de nuestros aborígenes los Chibchas, para otros los Muiscas, en definitiva, para nosotros los colombianos, son nuestros antepasados con su arte, sus leyendas y sus mitos.

La luna sigue marcando el ritmo de la humanidad a pesar de los milenios transcurridos desde la antigua Grecia. Allí permanece, como el primer día que el primer humano alzó la vista al firmamento nocturno y la vio brillar ante sus ojos. Por más que las civilizaciones se hayan transformado y hayan adquirido conocimientos científicos y tecnológicos que han culminado con la llegada a su superficie, las voces de los mitos no se han silenciado. El influjo lunar persiste en el imaginario colectivo.

El mito es una de las primeras manifestaciones de la inteligencia humana. En la mítica tenemos la primera manifestación de la inteligencia del hombre y se refleja en la forma primordial del espíritu humano. Se encuentra en la base de toda cultura, toda poesía, toda literatura. La podemos asimilar a un hermoso cofre que guarda en los mitos las primeras creaciones del hombre, los testimonios inmediatos del despertar de su pensamiento.

Casi todas las mitologías del nuevo mundo se fundan sobre el gran mito solar. Sin él no existiría la vida. Convierte las aguas de los océanos en lluvias para los continentes y hace renacer las plantas, las tormentas y rige el centro de nuestro sistema solar.

Hoy, con los grandes avances tecnológicos de la ciencia espacial sobre el universo, podemos estar seguros de que el sol puesto en la tarde, saldrá por la mañana del siguiente día. Los pueblos primitivos se imaginaban que podría chocar en el espacio y caer en los abismos de la noche. Cada aurora era para ellos una resurrección. De esta manera surgió en el sentimiento religioso de los pueblos primitivos.Se ve flotar al amanecer ya sea sobre las colinas o las pirámides, o en el mismo corazón del hombre. El mito de los Chibchas de la creación del sol y la luna no lo alcanzaba a entrever el capitán Pedro Fernández en la expedición con Jiménez de Quesada. Era un soldado, en su imaginación no había lugar para mitos y culturas de nuestros aborígenes chibchas, solo les interesaban a estos torpes soldados arrasar con sus tesoros.

Según este mito, en un principio la tierra estaba cubierta de inmensa noche. En ella tan sólo habitaban el cacique de la Iraca y su sobrino el cacique de Ramiriquí. En la tremenda soledad de la lobreguez eterna y la inconcebible monotonía de apenas dos seres solitarios que poblaban la tierra, estos decidieron llenarla de seres humanos. Un día, los caciques hicieron varios muñecos de barro, imitando al hombre, mientras que, confeccionaron otros cuerpos, esbeltos y hermosos, de unos juncos o varas huecas, y formaron la mujer. Con el soplo divino del supremo creador, las estatuillas tomaron vida, y animándose, corrieron alegres por todas las campiñas. Así se formó la raza humana. No obstante, las tinieblas continuaban sumiendo la tierra y los hombres en la más desesperante oscuridad.

Apesadumbrado el cacique de la Iraca con esta negrura eterna, le pidió a su sobrino, el cacique de Ramiriquí, que fuera a las alturas a traerle al mundo el consuelo de la luz. Subía, subía el cacique de Ramiriquí por el inmenso vacío. A tal altura llegó, que, de súbito, se convirtió en un astro fulgurante, que iluminó con sus rayos esplendorosos, la tierra y la humanidad. El cacique de Ramiriquí se había tornado en el sol. Muy pronto, con la luz deslumbrante del astro rey, la pupila humana se alegró del paisaje, de las flores, del agua, que formaban un conjunto de belleza incomparable. La humanidad no conocía dicha igual, porque, además de tan hermoso espectáculo que le brindaba la luz sobre la tierra, recibía calor para entibiarse en los crudos inviernos. Su dicha no conocía límites.

Más el cacique de la Iraca no estaba del todo satisfecho, ya que durante parte del tiempo caían espesas sombras, como las de otrora acongojaran los espíritus. Esto es, a la luz le seguía la oscuridad, con su negrura y su frío. Acongojado el cacique, quiso darle a la tierra y a la humanidad una luz que les alumbrase, también, en las noches. Tomó la misma ruta que antes siguiera su sobrino, el cacique de Ramiriquí, que se había tornado en el astro rey, soberano de las alturas. El cacique de la Iraca ascendió a distancias vertiginosas y, pronto, él mismo se convirtió en otro astro menos luminoso, pero incandescente: la luna. Este nuevo luminar le dio al mundo una luz tenue en las noches, mas no tenía ni el esplendor, ni el calor del sol. No obstante, era una promesa en los cielos. Una compañía en las soledades de la noche; un amparo para el hombre hasta que renaciese en las alturas, el sol magnífico y esplendente.

En esta forma, la tierra y la humanidad, disipadas las tinieblas, adoraron en las altas cumbres de la bóveda celeste, sus dos luminares majestuosos: el sol y la luna.

El mito habla también, sobre la fundación de las dos grandes divisiones que componían la agrupación humana, en lo político y lo social, cual eran los territorios del zaque y del zipa. A esto se refiere, casualmente, el que el cacique de Ramiriquí se convirtiera en el sol mientras que el de la iraca se tornara en la luna. Sabemos que los aborígenes de la agrupación del zipa eran adoradores de la una, al tanto que los del zaque eran adoradores del sol. Y el mito dio preferencia, de igual manera al cacique de Ramiriquí, al convertirlo en el sol (Xué o Sué) porque entre los chibchas el heredero al trono era, siempre, el sobrino, hijo de la hermana. Por eso era considerado más importante que el tío, en este caso, el cacique de la Iraca convertido en la luna.

Para los zipas eran adoradores de la luna, consideraban que tenía más poder que el sol, pero el pueblo chibcha, consideraba que el sol era superior a la luna. Desde luego, en las tierras dominadas por los zipas, al sol se le adoraba, pero no se le rendía u ofrecían sacrificios humanos, como si se hacía en los terrenos del Zaque, tal como era costumbre entre los indígenas del Perú.

El veinte de agosto de mil quinientos treinta y siete Pedro Fernández y sus hombres de caballería, por orden de Jiménez de Quesada descendieron a Zipacón y atacaron a los indígenas del Zipa causando gran mortandad entre ellos. El interés de los españoles era el oro de los indígenas. Por esta razón, cuando los embajadores indígenas les entregaron los aguacates de oro, también fueron asesinados, la realidad era que iban tras los grandes tesoros que hacía el Zipa en ofrenda a la Luna. Los españoles a pesar de masacrar a los indígenas no encontraron los tesoros, pero en su lugar hallaron grandes minas subterráneas de sal.

A los colombianos nos ha interesado salvaguardar estas joyas de la Mitología aborigen. Con este mito doy inicio a este libro, de cortas historias para niños. Está dedicado a Selena y aspiro a que sus padres se las lean, mientras ella no sepa leer.

JACINTICO Y EL INDIO TATAIMA

Jacintico vivía con su familia en Manizales capital del Departamento de Caldas en Colombia. Sus padres eran agricultores y propietarios de varias fincas cercanas a la ciudad. Cultivaban café, pero también les gustaba el ganado vacuno, criar cerdos y gallinas.

Por aquellos días el Gobierno Nacional expidió un decreto sobre colonización de tierras baldías de propiedad del estado para particulares. Se las adjudicaban por un período de diez años y debían dedicarse a cultivarlas. Al finalizar este período, conforme al sostenimiento de los cultivos, se las escrituraba o dejaba de hacerlo por no cumplir lo estipulado.

El padre de Jacintico procedió a informarse de las zonas ofrecidas en su Departamento. La más cercana a

Manizales estaba a unos ciento cincuenta kilómetros por carretera y comprendía los Municipios de Pueblo Rico en el Departamento de Caldas y San José del Palmar en el Chocó. Pablo que así llamaba el padre de Jacintico programó viaje a la zona en su campero. Se hizo acompañar de dos de sus más corajudos trabajadores. La razón era que, en esa zona, todavía inexploradas por el blanco, existían territorios indígenas y de comunidad afro colombiana, dichas tribus eran hostiles para el colonizador.

Pablo señaló en un plano cartográfico de la región, la zona en la que estaba interesado, se trataba de la hoya del Río San Rafael sobre las estribaciones de la cordillera occidental colombiana y cercana al cerro Tatamá. Pablo llegó con sus trabajadores en su campero a un valle que llamaban de San Rafael, abriendo trocha llegaron a la hoya del río de igual nombre que el Valle. Desde allí observaron la imponencia del Cerro Tatamá, al cual no había ningún acceso por esa zona.

Pablo demarcó en el mapa la zona que le interesaba de los valles del río San Rafael, aproximadamente veinte kilómetros cuadrados, pero incluyó también los quinientos diecinueve kilómetros del Cerro Tatamá. Pablo y sus trabajadores permanecieron alrededor de dos meses en la zona, demarcando puntos geodésicos en el plano, y luego presentarlos a las autoridades en la capital del Departamento.

Las autoridades de gobierno le autorizaron a Pablo los veinte kilómetros cuadrados de los valles del Río San

Rafael, pero no le autorizaron el Cerro, por considerarlo zona restringida de páramo. Pablo aceptó los terrenos y comenzó la etapa de colonización. Convirtió los valles en potreros para ganado vacuno, porque consideró que era lo menos costoso para su proyecto de ganadería. Las autoridades permitían la tala de bosques para utilizar la madera en construcciones habitacionales, de establos y de bodegas de acopio.El gran problema de la zona era el régimen de lluvias durante casi todos los meses del año, pero la gran ventaja era la fertilidad de la tierras y potreros.

Cuando Jacintico el hijo menor de Pablo cumplió los diez años, su padre ya tenía operando su proyecto ganadero. No le gustaba a Pablo llevar a su familia a esa zona porque algunas de las tribus indígenas y de negros no miraban muy bien al colono, pero tampoco eran hostiles con ellos. Jacintico cursaba el cuarto grado de primaria en la ciudad y quería conocer el Cerro Tatamá. Se contaban tenebrosas historias del Cerro en el Colegio, que existían grandes y venenosos reptiles entre ellos "el verrugoso" que parecía un excremento de vaca y que si uno lo tocaba se podría su cuerpo. "El puma" que era un gato gigante que despedazaba a los humanos. El "oso de anteojos" que vagaba por el Cerro con sus crías y atacaba a los humanos. "La danta"," el puerco espín, que lanzaba las espinas, "el ratón de monte" que era más grande que un perro y el "cusumbo" que se mantenía haciendo cuevas.

Además, había brujas que volaban en escoba, duendes de zapatillas rojas que embobaban a la gente y los hacían perder en el Cerro, indios con cerbatana y dardos con veneno curare que lo mataban a uno y se lo comían porque también eran caníbales. Todo esto llamaba la atención de Jacintico y armó la pataleta para que Pablo lo llevara a conocer el Cerro.

En vacaciones de junio del colegio Pablo se llevó a Jacintico para la finca de San Rafael. Ya habían trascurrido quince días en la finca cuando Pablo le dijo a su hijo que iba a vacunar el ganado que estaba en el pie del Cerro. Había que llevar fiambre pues se quedarían todo el día. Jacintico ya sabía montar a caballo. A una hora de la casa de la finca estaba ese ganado. Pablo con dos ayudantes comenzó la faena de vacunación, mientras tanto el niño le dijo a su padre que a caballo se iba a acercar más al pie del Cerro. Le dieron permiso y el niño partió.

Llegó hasta un punto donde ya no se podía cabalgar más, echó pie a tierra y almorzó porque ya era mediodía. Se internó por un sendero con maleza alta, siempre ascendiendo. El niño buscaba un claro para poder observar a su caballo, pero no lo encontraba, y seguía ascendiendo. De un momento a otro, dentro de la tupida maleza, se encontró con un indio con taparrabo y cerbatana que le estaba apuntando a su estómago. El niño lanzó un grito y el indio se asustó y dejó de apuntarle. Cuando ambos ya estaban calmados el indio se le acercó, lo tomó de la mano y lo llevó a una cueva donde se encontraba una familia de indios, la mujer y los hijos. Tenían una gran hoguera porque ya había anochecido en el Cerro, en esa hoguera estaban cocinando alimentos en una vasija de barro, le ofrecieron comida y le mostraron unas ramas secas en el piso para que durmiera.

Al otro día el indio le indicó al niño que salieran de la cueva y lo llevó a una cascada de agua cristalina para que se bañara y tomara agua. Cuando terminó le señaló que siguieran en ascenso por el sendero y siempre le señalaba hacia arriba a la cúspide del Cerro. Jacintico llamaba constantemente a Pablo, pero no había señal de él, tampoco podía observar donde había dejado el caballo por lo alto de la selva. En la medida que subían el clima se hacía más frío y el niño ya tenía hambre, el indio le hizo señas para que se detuviera. Delante de ellos había un animal acechante, el indio disparó un dardo con la cerbatana y el animal cayó. Por su forma el niño apreció que era una rata de monte, el indio hizo una hoguera que el niño no supo cómo, abrió el animal con una hachuela de piedra y lo puso a asar. Con el hambre que llevaba Jacintico se comió todo lo que le dio el indio. El camino era empinado, estrecho y rocoso, todavía estaba de día cuando entraron a otra cueva.

Estaba vacía, encendieron una hoguera y pasaron la noche. Al otro día no hubo baño, siguieron en ascenso hasta que llegaron a la cima del Cerro, para felicidad del niño se observaba el Océano Pacífico. El indio se lo señalaba y gritaba palabras que no entendía. A pesar de estar soleado, el frío era penetrante, entonces el indio le indicó que iniciaran el descenso, y llegaron a la primera cueva donde se encontraba la familia del indio. Pernoctaron allí, y al otro día fueron a la cascada del baño y emprendieron el descenso, el indio dejó a Jacintico a orillas del río San Rafael y le regaló la cerbatana con varios dardos y emprendió de nuevo el ascenso al cerro.

Jacintico llegó a la finca donde lo recibieron con alegría, su padre y varias personas habían salido a buscarlo. El padre llegó feliz en la tarde a encontrarse con Jacintico. Los moradores de la zona le dijeron a Jacintico y a su padre que, seguramente el indio era "Taba", un indio de la etnia "Tataima".

Cuando Jacintico llegó al Colegio, les contó a sus amigos de la aventura en el Cerro. Les dijo que había vencido a Taba el indio Tataima, le había quitado la cerbatana con los dardos venenosos, que él mismo con la cerbatana había matado un puma y que se lo habían comido, además había obligado a Taba que le mostrara el Océano Pacífico. También que le había perdonado la vida a Taba por su familia, y que con orgullo lo había liberado y se había quedado con la cerbatana y los dardos.

MICHO

A las seis de la tarde en la casita campesina de la Vereda de Yarumal, municipio de Villahermosa Departamento del Tolima, la familia campesina se reunía a comer, una vez se terminaba la jornada diaria en el corte de café, menos los más niños, que todavía no podían con el azadón. Por el radiecito panela que el papá se colgaba al hombro, se escuchaban desde septiembre, las noticias de que el volcán estaba en actividad, que posiblemente haría erupción. Una de las zonas de riesgo era donde ellos vivían, por la cercanía del río Lagunilla al volcán. El viejo era desconfiado, unas veces creía en las noticias y otras no, sin embargo, esa tarde mientras comían, la vieja les dice a todos que el agua que les llegaba del río tenía un ligero sabor a azufre. También que los trabajadores del Ingeniero, ya estaban brincando por la alimentación que le pagaban a la vieja, dizque por el sabor de la aguapanela, el tinto y el chocolate. La gata pelusa no abandonaba a la vieja, porque era igual de vieja a ella, y de sobremesa estaba preñada del gato Crispín de Don Pacho, el vecino.

En las horas de la tarde del día trece de noviembre de mil novecientos ochenta y cinco, el viejo estaba con sus hijos en el corte de café, cuando se percató de que les estaban cayendo unas cenizas calientes del volcán. Prendió su radio panela, pero no escuchó ningún boletín sobre el volcán. Por precaución, arrancaron para la casa a hacerle compañía a la vieja y a los niños. Como a las nueve de la noche, escucharon revuelo en la cocina, y era que la gata Pelusa estaba pariendo y el último, un gatico más feo que un inodoro de hoyo, se le atravesó. La pobre pelusa no aguantó más y se murió. La vieja, como pudo, jaló el gatico y lo sacó.

Ella que saca el gatico cuando los operadores empezaron a gritar que el volcán estaba echando una columna de candela y de gases, los cuales no se demoraron en caer convertidos en piro clastos y aún incandescentes. Una hora más tarde empezó a retumbar el río, y todos gritaron que subieran a la loma donde estaba el corte de café. También que, si no les daba tiempo, se subieran a los guamos que daban sombrío al cafetal, eso hicieron y eso los salvó. Uno de los operadores de maquinaria del ingeniero y que era muy amante de los animales, le echó mano al último gatico que parió la gata Pelusa y lo salvó.

Los operadores del ingeniero se regresaron para la tierra de ellos, la cual creían que también se había borrado del mapa por las avalanchas de los ríos que nacían en el Nevado, pero no fue así, a Dios gracias. Las oficinas y los talleres del Ingeniero quedaban en Ibagué, la capital del Departamento del Tolima. El operador que cogió el gatico lo tuvo que amamantar a punta de tetero para salvarlo. Era feo como la gata Pelusa, ni siquiera ñarriaba. Para su fortuna, el Ingeniero se compadeció del gatico y se lo compró al operador. Lo compró porque estaba viejo y necesitaba entretenimiento y para él y su mujer, porque los hijos habían partido y ese gatico que se había salvado de la avalancha, estaba destinado a una mejor vida. Lo bautizó Michín, se parecía a Silvestre el de Piolín, y el ingeniero se lo llevó para su casa campestre. El Michín se aprendió la rutina del viejo Ingeniero, el hombre se levantaba a preparar el desayuno, por lo general arepa, queso, jamón y café con leche a las cinco de la mañana, y Michín corría a la puerta de la habitación a esperarlo, recibía su buena tajada de jamón y de queso, luego lo seguía a la habitación y se acostaba en la cama de ellos a ronronear hasta que se dormía. A la hora del almuerzo, con solo oír abrir la nevera, ahí estaba, para que le dieran carne y leche. En la tarde cuando estaban los viejos juntos se ponía a jugar con ellos al escondite y la pelota. En la noche el gato se la pasaba de cacería en la casa y el jardín. Cuando se enfermó el Ingeniero, Michín se mantenía al pie de él, con suavidad y a veces con angustia cuando lo veía agravado.Un día el viejo quiso tomarse unos tragos de Whisky, y como Michín era tan metido se bebió un cuncho que dejó el viejo, y se la pasó toda una noche y un día durmiendo la rasca, al pie del viejo. Cuando éste murió, Michín se pasaba esperándolo todas las mañanas al pie de la puerta de la habitación del viejo, como no lo volvió a ver, Michín también murió de pena.

PACO EL MICO

Vivían en Manizales, capital del Departamento de Caldas, eran los albores del siglo XX. La familia estaba compuesta por el padre, la madre y tres hijos, dos hombres y una mujer. El papá era ingeniero electricista. La electricidad era el último invento que se conocía en los países del tercer mundo. Por eso Emilio, era uno de los pocos ingenieros electricistas que había en Colombia. Era un hombre corpulento y de genio fuerte, estaba acostumbrado a patroniar. Así se decía en la época al que tenía muchos trabajadores. Para trabajar siempre viajaba con su familia porque los niños estaban en la primera infancia. Viajaban en mula, por cable aéreo, en largas caminatas, porque todavía no había carreteras para vehículos. Viajaban felices. Se acostumbraron a ser nómadas, donde llegaban eran bien atendidos y ocupaban un espacio importante en la sociedad.

A Emilio le encantaban los animales, pero con tanta viajadera los tenía que regalar. El único que había sobrevivido a los viajes, fue el mico "Paco", este era un personaje en la familia y donde llegaban. Lo criaron casi como un humano. Se sentaba a la mesa con ellos a las horas de las comidas, dormía en cuna y en habitación aparte. Cuando tenía hambre pedía, no arrebataba, protegía a los infantes y con una ferocidad pasmosa, nadie podía acercárseles a intimidarlos, porque Paco saltaba sobre ellos con garras y dientes. Era el mejor guardián que habían conseguido. Lo vestían como a un infante y era la estrella de la familia.

Llamaron a Emilio a un pueblo del Quindío, se llamaba Pueblo Tapao, cerca de Armenia y de Montenegro. Ese pueblo no tenía luz eléctrica y necesitaban que les montara un generador, para darle luz. Una de las especialidades de Emilio era la de ser montador de maquinaria, acordaron precios y todos se fueron para Pueblo Tapao, incluyendo a Paco. Consiguieron una casa en la plaza del pueblo, cerca de la iglesia, para que la mamá que era muy religiosa pudiera ir. Emilio, a veces a llevaba a Paco al trabajo. Cerca de donde estaban montando el generador, había una fondita, vendían Kumis y pandequeso como especialidad. Emilio habló con el de la fondita para que Paco, pudiera ir solo a pedir kumis con pandequeso que le encantaban, y esto se volvió costumbre, porque así no lo llevaran, este se volaba de la casa, para irse a comer Kumis con pandequeso y el fondero se los servía y se los anotaba a Emilio.

Cuando Emilio terminara el montaje del generador tenía que llamar a Bogotá para que mandaran un técnico gringo para hacerle los ajustes que estimara conveniente para iniciarlo. El gringo llegó una noche tarde, Emilio lo albergó en la casa por lo tarde, y al otro día lo llevó a la planta. El gringo le dio el visto bueno a lo que había hecho Emilio. A la una de la tarde apareció el gringo a la planta con la policía del pueblo a capturar a Emilio porque le había robado objetos de valor y el dinero. El gringo, aseguraba que ese robo había sucedido en la casa de Emilio. Su mujer ante las acusaciones rompió en llanto, porque nunca los habían acusado de ladrones, sin embargo, ella dio la pista. Debían revisar la habitación de Paco porque no había salido de ella. Al revisarla encontraron el dinero del gringo en pedacitos. El reloj y el llavero despedazados.

El gringo se disculpó y partió para Bogotá. A Emilio le tocó pagarle su dinero y sus pertenencias. El que llevó del bulto fue Paco por la pela que le dieron, sin embargo, el Paco seguía muerto de la risa mientras lo pelaban, porque cuando el gringo llegó a Bogotá abrió la maleta de su ropa, y encontró la venganza de Paco, porque también se le había cagado en la ropa.

LA SOFIA

Era primo hermano de un Presidente de la República, la familia se destacaba en la política del partido conservador, y él no era la excepción. Desde niño lo enviaron al Seminario de los Agustinos Recoletos para su educación, no porque quisiera ser sacerdote, era la tradición que los varones de esa familia. Deberían ser políticos, comerciantes o religiosos, con ello se demostraba la importancia de las familias, las que tenían los tres poderes: religioso, político y comercial. Les seguían las que tenían dos poderes y por último las de un solo poder, los demás eran populacho.

La familia de Jesús María como él se llamaba detentaba esos tres poderes, a él no le gustaba pertenecer a esos poderes, solo quería ser un aventurero. Le gustaba viajar, la parranda y las mujeres. La familia entonces lo hizo a un lado, situación que no le preocupó.

A la edad de veintidós años se entera que Rafael Reyes y sus hermanos se encontraban cultivando quina en el Amazonas. Reyes era un aventurero autodidacta, no era médico, ni empresario, ni guerrero, solo era un amante de la aventura, pero sí era agricultor.

Se entera Reyes que la quina tiene un alto precio en Europa, por esa razón él y sus hermanos emprenden la empresa de su cultivo en el Departamento del Amazonas en Colombia. En toda la amazonía la fiebre amarilla y la malaria se curaban con la quina.

El problema para Reyes era la comercialización del producto. Se entera por intermedio de Jesús María que en la población de Riohacha hay tres vapores en venta. Los tres son de diferente calado, de mayor a menor, Reyes desea adquirirlos y Jesús María se coloca a sus órdenes como funcionario de la empresa.

Jesús María, mediante la autorización de Reyes, recibe la orden de comprarlos y traerlos hasta Puerto Leticia sobre el río Amazonas colombiano. Los trae bordeando las costas de Colombia, Venezuela, Guyana y Brasil sobre el Océano Atlántico y luego remonta el río Amazonas, aguas arriba hasta llegar a Puerto Leticia.

La idea de Reyes es la de enviar delante de los tres vapores al más pequeño, para que pueda abastecer de leña a los otros dos. Esto para poder llegar a los sitios donde los hermanos Reyes están cultivando la quina.

Durante dos lustros la empresa es exitosa, pero acontecen dos grandes problemas que hacen que ella sucumba. Primero que el precio de la quina decae en Europa y en el mundo. Segundo que los otros dos hermanos fallecen en la Amazonía. Paradójicamente, el primer hermano fallece de malaria, sabiendo que ellos mismos producen la cura de la enfermedad y el segundo hermano desaparece en la selva, nunca se supo si falleció en la jungla o lo devoraron los caníbales.

Ante estos eventos Jesús María se asocia con Reyes para sembrar el "árbol vaca", el árbol del caucho y sustituir los cultivos de la quina. Trabajan por un lustro asociados, hasta que Rafael Reyes es elegido Presidente de la República de Colombia, nombra a Jesús María Jefe de su servicio secreto, ambos son conservadores, por lo tanto, es aceptado para ese cargo.

Al inicio de la Presidencia de Reyes, en varias regiones del Departamento de Boyacá encuentran yacimientos de esmeraldas, piedra preciosa por excelencia y de gran valor comercial en el mundo. La esmeralda colombiana tiene la particularidad de ser de las más preciosas por contener berilo, vanadio y cromo. Estos tres componentes la clasifican en cinco colores ligeramente diferentes así: verde azuloso, verde ligeramente azuloso, verde muy ligeramente azuloso, verde ligeramente amarillo y por último la verde profundo llamada "gota de aceite".

Durante el gobierno de Reyes se desata en el Departamento de Boyacá la guerra entre los esmeralderos, individuos que conformaban ejércitos de sicarios para defender sus territorios donde explotaban las gemas. Reyes toma la decisión de enviar a Jesús María a esos territorios, a investigar a los esmeralderos y obligarlos a pagar impuestos al estado por la explotación y venta de las gemas.

Jesús María los clasifica conforme a la cantidad de su riqueza, esto incrementa más la guerra y las vendettas entre ellos. Jesús María se mantiene al margen de esos conflictos hasta un día en el que le comunican el hallazgo de la esmeralda más grande del mundo hasta ese instante. Inmediatamente le comunica a Reyes ese hallazgo y este le ordena adquirirla para el Directorio Nacional Conservados. Jesús María cumple el mandato. La adquiere y la traslada personalmente al Directorio en Bogotá.

Ante el espectáculo de la gema Reyes la bautiza "La Sofía" en honor a su esposa fallecida. El país por esos días se encontraba convulsionado políticamente y en el sector de "terrón colorado" en la Capital de la República Reyes con su hija son víctimas de un atentado.

Se realiza una reunión extraordinaria del Directorio Conservador y acuerdan entregar a Jesús María en custodia La Sofía. El objeto era que Jesús María cuando el directorio lo considerara pertinente debía entregar la esmeralda al

Presidente Conservador de turno para gastos extraordinarios de campaña política.

Jesús María guardó este secreto hasta la tumba. El correo de las brujas cuenta que La Sofía fue entregada al dictador quien también era de filiación conservadora, hasta la fecha no se sabe su ubicación.

EL TESORO DE SAN BARTOLO

Don Jorge Robledo nació en Andalucía en el año de 1500, de familia noble, pero pobre, recibió la educación básica en una de las escuelas de Andalucía. Allí alternó con otros jóvenes, también nobles e hidalgos pero pobres.

Su ambición por adquirir riquezas lo obligó a embarcarse en el Puerto de Santa María para las Indias Occidentales recién descubiertas, por Cristóbal Colón, el Bergantín donde se alistó como marinero ancló en el Golfo de Urabá.

Esta era una de las regiones exploradas por Colón y sus lugartenientes Pedro de Heredia, Sebastián de Belalcázar y Jerónimo de Tejelo. Sobresalió por su valentía y fortaleza para enfrentar a los indios y las enfermedades del Nuevo Mundo, debido a su arrojo rápidamente alcanzó el grado de Capitán de los ejércitos conquistadores en las regiones de la Costa Caribe, Cauca y Antioquia.

Los indios le temían por sanguinario y hacerse acompañar de grandes perros feroces, sabuesos y cazadores. Los indígenas lo veían más temible porque no conocían ni al caballo ni la armadura, creían que estos asesinos entre caballo y armadura eran uno solo.

Su ferocidad en las batallas y lo sanguinario en sus triunfos lo hacían el más temible de esos españoles. Los indígenas se inventaron la Leyenda de El Dorado, cacique que habitaba en las altas colinas, famoso por ser poseedor de riquezas y de realizar grandes ofrendas a sus dioses, con esto distraían a los conquistadores y evitaban que los mataran, violaran y arrasaran sus aldeas.

Les informaban que El Dorado vivía en las altas montañas y les señalaban el camino hacia sus territorios. Con esto evitaban los combates hasta que no llegaran a las tierras del poderoso cacique. Por esta razón el sanguinario Capitán Robledo se adentró en el Nuevo Reino de Granada, cuando llegó a Cali el Gobernador Lorenzo de Aldana le ordenó viajar a la Provincia de Antioquia tras los tesoros de los indígenas de esos territorios. Allí fundó a Santa Fe de Antioquia y se desplazó por los territorios de los indios Pozos, los Pacoras y los Umbrías, a quienes combatió porque quería regresarse a Urabá donde había encontrado los mayores tesoros.

Pedro de Heredia lo acusó ante los Reyes de apoderarse de sus territorios. Fue apresado y enviado a España, donde fue absuelto y en 1542 regresó casado a Cartagena de Indias. Allí dejó a su esposa diciéndole que se iba por los grandes tesoros de los indios Pozos, que tan pronto los obtuviera regresaría a Cartagena y los dos se dedicarían al negocio de las joyas con España.

Con veinte hombres bien armados y bajo su mando, porque en España además de absolverlo le habían dado el título de Mariscal del Nuevo Reino. Robledo salió de las tierras de la provincia de Antioquia para la provincia del Cauca. En su recorrido fundó la ciudad de Cartago en tierras de la provincia del Cauca, se regresó nuevamente a la provincia de Antioquia donde se había establecido Sebastián de Belalcázar con el que Robledo había combatido a su lado en Urabá.

Belalcázar recibió con recelo a Robledo. Había percibido que iba tras los tesoros de los indios Pozo, Pácora y Umbrías, además de los del Cacique Pipintá. Sus armamentos y sus sabuesos lo delataban. Belalcázar preveía una guerra a muerte con esos indígenas, ni Belalcázar, ni sus hombres había podido dominar a los feroces indígenas. Por esa razón le permitió a Robledo dirigirse a los territorios Indígenas.

Las escaramuzas con los indígenas se presentaban en la medida que Robledo se acercaba a sus tesoros. Las avanzadas de los indígenas eran despedazadas por Robledo. Ningún indígena quedaba vivo, si no los mataban sus soldados, sus perros los devoraban.

Las batallas eran cruentas y sanguinarias, los indígenas estaban diezmados. Robledo también había perdido varios de sus soldados. En una de esas batallas el Cacique Pipintá cayó herido y le pidió un armisticio a Robledo. Como estaba diezmado le aceptó el armisticio.

Solo le quedaban cinco hombres a Robledo, el cacique le ofreció cuarenta cargas de oro para que desalojara su territorio y no combatieran más. Robledo aceptó inmediatamente la oferta, él conocía una gran cueva entre San Bartolo y Castilla.

Con sus cinco hombres y las cuarenta cargas de oro Robledo se dirigió a la cueva de San Bartolo, hizo que sus hombres ingresaran las cargas de oro a la cueva y las depositaran donde él les indicara.

Salió de la cueva primero que sus hombres y cuando ellos iban saliendo los asesinó uno a uno para que no relataran donde las habían colocado. Robledo llegó solo donde Belalcázar, y fue detenido por él.

Belalcázar lo acusó del asesinato de sus soldados y de los indígenas de Pipintá. Lo intimidó con la muerte para que revelara donde había escondido las cuarenta cargas de oro. Robledo no dijo nada y Belacázar lo ajustició.

Hasta hoy día no se ha podido encontrar la cueva de San Bartolo con las cuarenta cargas de oro, por San

Bartolo hay muchas cuevas y muchas fallas geológicas.
Ni nosotros hemos podido encontrar el fastuoso tesoro.

TOROMBOLO
EL CERDITO

Miguel había comprado una granja para criar cerdos y ganado en la Vereda La Paz en el Municipio de Risaralda del Departamento de Caldas. La idea era tener marranas de cría y vender los lechones tan pronto se destetaran. Con el ganado la idea era la misma, cuando el ternero alcanzara un peso de 100 kilogramos se sacaría para la venta.

El proyecto estaba dirigido a invertir en concentrados para alimento de porcinos y bovinos la menor cantidad posible de dinero, pero como dice un dicho paisa "una cosa piensa el burro, y otra el que lo arrea". Miguel tenía un empleado que cuidaba de la granja los fines de semana. Samudio era el nombre del empleado, muy trabajador, pero para beneficio de él mismo y no de Miguel, todo lo que podía sustraer se lo llevaba. Parte del concentrado que Miguel compraba para alimentar los porcinos, las vacas y los terneros, Samudio los cambiaba en el pueblo por concentrado para peces. Eso lo vendía a un menor precio a unos criadores de peces mojarra y tilapia, que tenían sus estanques a varios kilómetros de la granja de Miguel.

Además de la desaparición de varios bultos de concentrado se presentó la muerte de dos terneros. Después de realizar una búsqueda minuciosa de la causa de estas muertes, Miguel logró detectar que tenían mordeduras de reptiles, víboras venenosas en sus patas. Para colmo de males, un lunes a primera hora, cuando Miguel llegó a la granja; Samudio le comunicó que unos pescadores por meterse a la Quebrada el Guaico a pescar, dejaron abierta la portada del potrero y cuatro vacas se salieron y no las había podido encontrar. Miguel le replicó que su trabajo era cuidar de los animales. Samudio le respondió que él no se podía ir a dormir al potrero. Esto colmó la paciencia de Miguel, despidió a Samudio y comenzó a estudiar su siguiente decisión con respecto a la granja.

En la universidad de la ciudad donde vivía Miguel le aconsejaron que como complemento de su proyecto se consiguiera un cerdito Sinclair Miniatura. Estos cerditos son bastante inteligentes, tienen una expectativa de vida de 15 a 20 años, y llegaba a un peso máximo de

120 kg. Aprenden fácilmente lo que les enseña el humano, tienen también la capacidad de comerse las víboras venenosas que estaban atacando los terneros. El veneno de la víbora no afecta al Sinclair por la grasa que tiene, le ayudaría también a abrir y cerrar los galpones de los cerdos y los terneros.

En esos momentos varias universidades en el mundo estaban estudiando la anatomía del cerdo, que es muy similar a la del humano. Sus secreciones glandulares resultan sumamente útiles en el tratamiento de enfermedades humanas. Se dice que los cerdos y los humanos son capaces de ingerir alcohol en determinadas cantidades como para ser tratados como alcohólicos. Por esta razón se puede estudiar en ellos tratamientos para el alcohólico. Del cerdo también proviene la hormona adrenocorticotropa, corticotropina o corticotrofina, producida por la hipófisis y que estimula las glándulas suprarrenales.

El cuero del cerdo sirve para aliviar las quemaduras. Sirve también para implantes de quemaduras cuando se le hace tratamiento aséptico y se esteriliza, aplicada sobre la piel sin necesidad de adhesivo hasta que la piel de la víctima vuelve a crecer.

Del cerdo también se obtiene la insulina, la heparina para licuar la sangre, la tiroxina para la tiroides, también otras sustancias para el tratamiento de la artritis, la fiebre reumática y la leucemia. En pacientes terminales, se ha utilizado el trasplante de riñones de cerdo previamente tratados para el procedimiento. Una vez trasplantados han producido orina y cumplido la mayoría de las funciones del riñón. Actualmente se realizó un trasplante de corazón de cerdo a un paciente que aceptó el trasplante, sobrevivió dos meses con el corazón del cerdo.

Miguel tan pronto recibió toda esta información adquirió una parejita de cerditos Sinclair Miniaturas, los bautizó Torombolo y Torombola y se dedicó a entrenarlos. Los Sinclair le temían al hombre, pero no le huían, lo esperaban con cautela. Les encantaba estar cerca de la gente, sobre todo cuando las personas los rascaban y les hablaban. Toleraban a los cuadrúpedos como las vacas, terneros y caballos. Detestaban los reptiles y se los comían sin que les produjera daño alguno. La gruesa capa de grasa del cerdo neutraliza los venenos para que no lleguen a la sangre. Los dos Sinclair también aprendieron a mover las aldabas de las puertas de los establos de los animales, entraban y salían de ellos como Pedro por su casa, cuando entraban los abrían y los cerraban cuando salían

Miguel también a olfatear y morder como los perros guardianes, cuando alguien extraño llegaba a la granja, lo olían, a una señal de Miguel los mordían. Torombolo y Torombola se comunicaban por medio de gruñidos; el de alerta es diferente al de aquí estoy, tienen gruñidos de contento y otros de amenaza. Cuando quieren ser cariñosos se soban trompa con trompa y hombro con hombro. Si se sienten frustrados emiten un sonido parecido al graznido del loro. Ante el terror emiten un sonido que parte el alma, alcanza de 100 a 120 decibelios.

Miguel definitivamente se quedó con los Sinclair, todo aquel quien visita la granja de Miguel queda maravillado con la pareja de cerditos. Siempre caminan al pie del amo, saludan con alegría al que es amigo y muerden al que consideran enemigo. Miguel no tiene que abrir ni cerrar los galpones de los animales, ese trabajo lo hacen ellos, son felices con el amo y en la granja.

TIBURCIO EL OVEJO CELADOR

En la finca del páramo a los tres mil doscientos metros de altura sobre el nivel medio del mar, Benjamín su propietario compró algunos ovejos para hacer un experimento. Los actores armados del conflicto le estaban cobrando vacuna por cada semoviente que tuviera en la finca fuere caballar o bovino. Con tanta vacuna escasamente sostenía la finca. Vendía leche y reses para los mataderos de las poblaciones cercanas. Si el transporte del ganado era a sitios distantes, el precio no daba ni para el transporte. Todo grupo armado que pasaba por su finca se asentaba varios días en ella y había que alimentarlos para que no tomaran represiones contra ellos. Todo esto se presentaba porque su finca estaba ubicada en el corredor que utilizaban para atravesar la cordillera y llegar a los valles de los ríos más importantes del país. Quería ensayar con los ovejos y ver si le cobraban menor vacuna por ellos. No le sirvió de mucho el cambio, le rebajaron a la tercera parte el cobro por animal, que igual daba lo mismo. Estos ovejos no alcanzaban a pesar más de ciento cincuenta kilos los más gordos. Además, los guerrillos consumían tres veces más de carne en comparación con la del ganado. De tanto quejarse los campesinos de la región al Gobierno Central, autorizaron una carretera veredal que atravesara la cordillera por la finca de Benjamín y poder movilizar más tropas gubernamentales por la zona. El período de gestación de estas ovejas es de cinco meses. Poseen agudeza de oído y de olfato, no son territoriales, pero sí son gregarios, para donde arranca el primero lo siguen los otros. Son buenos en la embestida por la carrera que desarrollan para embestir. Campean entre ellos y desarrollan torneos entre sí para obtener las hembras. Pueden vivir hasta los dieciocho años y habitan todas las zonas del planeta a excepción de las zonas polares. De ellos se aprovecha la lana, la leche, la carne y su piel. Por su gran olfato huelen el miedo de las personas y de otros animales, como los zorros detectan las expresiones faciales de los otros seres. Con la construcción de la carretera aparecían en la finca de Benjamín distintos personajes funcionarios del Gobierno, un día el hijo de uno de estos funcionarios se enamoró de un corderito de dos meses y lo compraron.

Carlos, el padre del niño Tomasito, le explicó que en la casa de ellos no tenían donde alojar el animalito, pero como Carlos se desempeñaba como Almacenista General de Vías del Departamento, donde funcionaba el almacén general, tenía un lote grande con pasto y arbustos. Además, estaba completamente encerrado y allí podrían tener a Tiburcio. Tomasito tenía la tarde del jueves libre en el Colegio y la aprovechaba para visitar a Tiburcio. Entre los dos nació una gran amistad. Además, Tiburcio también quería mucho al papá de Tomasito. A los amigos de Tomasito también les gustaba ir a jugar con Tiburcio al almacén. La ventaja que tenían era que el lote donde estaba ubicado el almacén quedaba relativamente cerca del Colegio de ellos, los muchachos hacían que Tiburcio los persiguiera y los cabeceara, como todavía Tiburcio era cordero no había problema porque el cabezazo no era muy fuerte. A los siete meses Tiburcio se convirtió en un ovejo grande, pesaba alrededor de ciento veinte kilos y medía un metro con cincuenta centímetros de largo, y cuando Tomasito y sus amigos corrían para que los persiguiera y los alcanzara, el golpe que les daba era fuerte, los derribaba. Un día uno de los amigos de Carlitos cayó mal del golpe de Tiburcio y se fracturó la mano derecha, hasta ese día se realizaron las visitas a Tiburcio, inclusive Tomasito también le cogió miedo a Tiburcio. Cada día el ovejo se volvía más campeador y embestía a todo el que entrara a pie al lote del almacén. Todos siguieron entrando en vehículos a los cuales Tiburcio les arrancaba más no los embestía, el ovejo comía todo el día y estaba despierto. En las noches dormía. El celador del almacén trabajaba de noche, pero la celada del día se la dejaban a Tiburcio a quién todo el mundo le tenía miedo. Carlos el papá de Tomasito no tenía problema con él, porque Tiburcio nunca lo embestía y siempre se le acercaba para que lo acariciara. Cuando alguien llegaba a ese almacén y necesitaba hablar con Carlos, timbraba en la puerta principal, Carlos inmediatamente se dirigía a la mirilla y si la persona necesitaba ingresar al almacén lo hacía acompañado por Carlos, para que Tiburcio no lo embistiera.

Por aquellos días se estaban presentando en la ciudad, problemas con los estudiantes universitarios, quienes se encontraban en desacuerdo con las Directivas de la Principal Universidad Pública del Departamento. Iniciaron con asambleas estudiantiles, luego siguieron con asambleas permanentes, luego con la toma de las instalaciones de la universidad, y siguieron con bloqueos en las avenidas principales de la ciudad. Entonces la fuerza pública intervino para preservar la ley y la tranquilidad. Constantemente se presentaban escaramuzas con las fuerzas del orden, había arrestos de estudiantes y golpeados de lado y lado, los estudiantes se seguían refugiando en la universidad.

El viernes los universitarios salieron a marchar hacia el centro de la Ciudad, se dirigieron a la Plaza de Bolívar.

Alrededor de esta plaza se encuentran los edificios de la gobernación del departamento, la Alcaldía de la Capital, y las sedes de los bancos de la ciudad. Cuando la marcha llegó a esta Plaza, la fuerza pública ya se encontraba acantonada en el lugar por si se presentaban desmanes por parte de los universitarios, y en efecto sucedió de esa manera. El colegio donde estudiaba Tomasito quedaba cerca de la plaza de Bolívar, cuando la fuerza pública arremetió contra los universitarios algunos de ellos lograron evadir el cerco y se dirigieron hacia el colegio y contaron con la suerte que en ese momento los estudiantes salían a almorzar a sus casas. Se armó la debacle, los policías persiguieron sin discriminación tanto a los universitarios como a los alumnos del colegio, entre ellos estaban Tomasito y varios de sus compañeros de clase. El almacén donde trabajaba Carlos el papá de Tomasito se encontraba en la zona por donde corrían los estudiantes, Tomasito y sus amigos saltaron el muro del almacén donde estaba Tiburcio el ovejo, detrás de los estudiantes también saltaron el muro cinco de los policías. Fue extraordinario lo que allí sucedió. Tiburcio no embistió ni a Tomasito, ni a sus amigos, embistió a los policías y los dejó tendidos y golpeados dentro de los muros del almacén. Tuvieron que llevarlos en ambulancia al hospital, y esta fuerza pública como desquite a los golpes de Tiburcio ordenaron su sacrificio, pero Tiburcio fue leal con la familia hasta su muerte.

EL SIETE DE PEDRITO

A sus tres años Pedrito aprendió a jugar "Chupaté" con sus amiguitos de la vecindad. Lo marcaban con tiza en el andén de la cuadra, se convirtió un experto en ese juego. Por este juego Pedrito aprendió a contar hasta siete, que era el número de rectángulos del Chupaté, el cual saltaban los niños ocupando los siete días de la semana.

Desde esa edad el número siete impactó la vida de Pedrito. Cuando ingresó a la escuela primaria de su barrio a Pedrito le encantaba todo lo que tuviera relación con el siete. A los once años de edad finalizó la básica primaria. Por ser un gran estudiante se ganó el auxilio para estudiar el bachillerato en la ciudad capital delDepartamento donde vivía la Tía Adiela, hermana de su Padre, quien con gusto lo recibió. Durante el Bachillerato todos los trabajos de investigación que le colocaban los realizaba acerca del número siete.

Su trabajo final en el bachillerato lo realizó sobre la influencia del número siete en las religiones y los avances de la humanidad. Esto fue lo que Pedrito escribió:

El mundo lo creó Dios en siete días, el séptimo día, el sábado Dios descansó de la creación.

Jacob trabajó durante siete años continuos.

Su hijo José en Egipto predijo siete años de abundancia y siete años de hambruna, de acuerdo con el sueño que había tenido el Faraón de las siete vacas gordas y las siete flacas que luego se comieron a las gordas.

Durante siete días, siete sacerdotes judíos con siete trompetas consagraron la ciudad de Jericó y en el séptimo día dieron vuelta siete veces a sus murallas derribándolas.

El Judaísmo tiene siete solemnidades y su candelabro siete brazos.

El Espíritu Santo tiene siete dones. La virgen siete dolores, los sacramentos son siete, las virtudes teologales son siete, los pecados capitales son siete y el apocalipsis menciona siete sellos.

De las escrituras hindúes escribió: El creó los siete cielos, las siete tierras, los siete mares, los siete días, los siete ríos, las siete semanas, los siete años, el mundo ha sido por siete mil años. La santidad es el siete en todas las cosas, los siete chakras del cuerpo humano.

Las notas musicales son siete, la luz se divide en siete colores primarios. En Astrología siete es el número vital debido al planeta Urano que tiene un ciclo de siete años.

Los siete brazos del Menorah. Los siete enanos de Blanca Nieves y los siete cabrillos y el lobo en cuentos infantiles.

En Películas: Seven, Los siete Samuráis, Los siete magníficos, Siete días de Mayo, Siete novias para siete hermanos, Siete años en el Tibet, Siete crónicas de Narnia,

Las siete cartas de la Iglesia, los septenarios del Apocalipsis, las siete virtudes del Bushido, la suma de las caras opuestas de un dado, los siete derramamientos de sangre de Jesucristo, siete los dragones del cielo, siete los dragones de la tierra, siete las glándulas endocrinas, siete los orificios de la cabeza, cada siete años se renuevan las células del cuerpo, el corazón bombea diariamente siete miles de litros de sangre.

El séptimo hijo de un séptimo hijo, nacido el día séptimo del séptimo mes, por su nacimiento en estas condiciones posee extraordinarios poderes.

Por ejemplo: El número siete, es concurrente en la vida de nuestro Libertador Simón Bolívar:

Nació en el mes siete.

Su primer discurso fue en el mes siete a los veintisiete años.

Murió a los cuarenta y siete años el diecisiete de diciembre a la una y siete minutos de la tarde.

Su apellido, Bolívar, tiene siete letras.

Libró la batalla de Boyacá el siete de agosto.

Tan pronto finalizó su Bachillerato ingresó a estudiar Matemáticas en una de las universidades del país. Para financiar sus estudios dictaba clases en un colegio nocturno, siempre haciendo hincapié sobre el número siete, al colocarle trabajos de investigación a sus alumnos: siete sabios de Grecia, siete maravillas del mundo, siete colinas de Roma. La Guerra de los siete años, la guerra de las siete semanas, la República de los siete países bajos unidos, el romance de los siete Infantes de Lara, uno de los más bellos poemas de la gesta Castellana, las siete versiones de Microsoft Windows, las siete vidas del gato, el Juego de los siete errores, los siete libros de Harry Potter, las siete edades del hombre según Shakespeare, las siete palabras de Jesús en la cruz.

Pedrito participó en unas Olimpíadas Matemáticas para una beca ofrecida por el MIT de Boston, su presentación la realizó sobre un truco Aritmético del cual no he podido descifrar si es o no de su autoría:

Que cualquiera de los presentes escriba un número de tres cifras sin que yo lo vea.

El número puede o no tener ceros.

A continuación de ese número escríbalo otra vez y obtendrá un número de seis cifras.

Divida esta cantidad por siete y obtendrá una división sin residuo, cualquiera que sea el número escogido.

Esto no concluye ahí. Deben de tratar de dar una explicación matemática a dicho truco.

Yo escribí el número 958

A continuación, lo repetí: 958958

Este lo dividí por 7 y obtuve un resultado de: 136.994 sin residuo

No encontré en un término de 30 minutos una explicación aritmética, entonces Pedrito me explicó:

El número dado se puede descomponer así: 958.000 +958

Esto equivale a multiplicar siempre por 1.001

Y 1.001 es múltiplo de siete. Por lo tanto, es divisible por 7 y son divisibles por siete todos los que Ud. multiplique por 1.001

Me comentaron que Pedrito obtuvo la beca y está en el MIT

EL CORRAL
DE ARCANGEL

Arcángel era un niño campesino, sus padres eran de la misma región agrícola del Departamento, la población y la vereda. Solo conocían el pueblo cabecera de la Vereda. En este pueblo todos estaban relacionados por vínculos familiares: padres, tíos, tías, hijos, nietos, abuelos, abuelas todos ellos y varias familias conocidos entre sí.

Por eso, los hijos y las hijas de Fernando se casaban con los hijos o las hijas de Pedro o de Gabriel, Saúl, y en fin, como se llamaran, porque las finquitas quedaban cerca unas de otras en la Vereda, los muchachos y muchachas campesinos se conocían y se casaban entre sí, muy escaso el que se casaba con otra persona.

Pero sí había un problema grave que ellos en su ignorancia desconocían y eran las taras que se producían en los hijos cuando se casaban entre familiares, el hijo de Juan con su prima la hija de Pedro el hermano del papá, o la hija de Pablo que se casó con Hugo el hermano de su papá. Allí aparecían las taras, entonces aparecían hijos bobos, locos, con retardos mentales, deformidades físicas y le echaban la culpa a las parteras, a los cambios de luna, a los eclipses, a una tempestad, a un rayo, a un trueno, en fin, a cuanta cosa o fenómeno le pudieran echar la culpa.

Uno de esos casos era el de Arcángel. Crisóstomo el papá de Arcángel era casado con su prima Celina, y Arcángel fue el primer hijo de los dos, nació con problemas mentales, pero tenía un corazón amoroso. Desde cuando aprendió a hablar como a los cuatro años de edad, Arcángel era muy tierno con las aves de corral, pollitos, gallinas, gallos, y pavos que eran los únicos animalitos que sus padres con lo poco que ganaban podían adquirir.

Tenían los animales en un pequeño corral en la parte trasera de la finquita. Estaba construido con latas de guadua que el padre cortaba con el machete y las clavaba con una piedra redonda, la cual con el uso ya se dejaba manipular y no era tan áspera al tacto.

Arcángel se encerraba en ese corral con las aves tan pronto su padre salía para el corte de trabajo en el cafetal, y su mamá se empleaba en los oficios de la casa.

Arcángel le había pedido a su papá que cuando la gallina se echara a calentar los huevos y tuviera pollitos le regalara un pollito y una pollita para él hacer su propio corral, su padre se lo prometió.

Cuando la gallina tuvo diez pollitos y que eran hijos del gallo Pascual, un grandotote gallo polaco, y cuando los pollitos estuvieron emplumados llamó a Arcángel y le dio el pollo y la pollita; pero Arcángel no era tan tonto y le preguntó a Crisóstomo cómo hacía para distinguir el pollito de la pollita. El papá le dijo que le iba a enseñar, enseguida cogió del pico uno de los pollitos, lo sostuvo en el aire y el pollito comenzó a chapalear y le dijo a Arcángel que ese era el pollito porque chapaleaba cuando lo colgada del pico. Tomó el otro pollito, le realizó la misma operación y este no chapaleó, se quedó quietecito, y le dijo que esa era la pollita.

Arcángel quedó admirado de la sabiduría de su padre y aprendió esa lección para toda la vida. En ese momento Arcángel tenía seis años; en la escuela de la Vereda no admitían niños especiales, por eso Arcángel, se quedó analfabeto, pero siguió siempre con su gran corazón.

De la lección de los pollitos que aprendió de su padre Arcángel vivió feliz su corta existencia. Él mismo fabricó un corral para sus dos pollitos, sembró unas matas de maíz y plátano para alimentarlos. Los pollitos fueron creciendo hasta volverse gallo y gallina. A la gallina le colocó el nombre de Clueca porque se mantenía empollando huevos y al gallo lo llamó Pascual, el plátano lo picaba y se los daba junto con el maíz, de esta pareja de aves nacieron al menos treinta pollitos, los cuáles Arcángel ya sabía cómo clasificar. Los pollos se los regalaba a su padre, pero las pollitas sí las dejaba para que pusieran más huevos y tuvieran más pollitos.

Arcángel les hablaba a estos animales y parecía que ellos le entendían, para donde él caminaba ellos lo seguían como si fuera el gallo más grande del corral. Todas las mañanas Arcángel salía a caminar con ellos por los cafetales de las fincas vecinas, así estos animalitos podían comer insectos, lombrices, cucarachas y lo que se les apareciera. Sus padres vivían felices con él y también aprovechaban con la venta de los pollitos que Arcángel les regalaba.

Pero la felicidad no es para siempre y Arcángel comenzó a tener problemas en su movilidad, empezó a cojear a los diez años, pero seguía saliendo a caminar con sus pollitos. Caminaba a saltitos porque ya arrastraba sus pies, entonces los pollitos también caminaban a saltitos como lo hacía él. Sus padres y los vecinos cuando los observaban, no podían contener las lágrimas, pero a furtivas para que el niño no los viera.

Y llegó el día aterrador en el que el niño no pudo caminar más, entonces lo colocaban en una silla en el corredor de la finca; y el milagro seguía. Los animalitos permanecían alrededor de él aunque no les estuviere dando comida. Seguía siendo un acontecimiento extraordinario ver al niño con sus animales.

Al amanecer de un domingo de mayo, mes de la virgen, Arcángel no respiró más y murió en su cama, al lado de su padre y su madre; ese día como los pollitos no lo vieron sentado en el corredor, se arremolinaron en él, esperando la salida a quien nunca más volverían a ver.

ENZO Y
SUS AVENTURAS

Enzo es un perro criollo colombiano. El sabueso fino colombiano es la única raza reconocida de Colombia. A pesar de eso, los colombianos son grandes amantes de los perros, tengan o no tengan pedigrí. El perro criollo tiene más ventajas que los perros con pedigrí, se ven menos afectados por enfermedades congénitas, pero son igual de afectados por enfermedades serias y necesitan la misma cantidad de cuidado que los perros de raza. Son leales e independientes y establecen grandes vínculos con quienes consideran su familia. Siempre están listos para jugar y alertar cualquier peligro. Su longevidad se considera entre los 12 y los 20 años dependiendo de su tamaño, mientras más grande, mayor longevidad.

Para toda la familia Enzo es un gozque, un callejero, había nacido cerca de la plaza de mercado del pequeño pueblo. Esta plaza es el epicentro de los abastecimientos de la población, estaba repartida por pabellones como los llamaban los pueblerinos. Por esta razón existían los pabellones de verduras, tubérculos, carnes, pescados, pollos, abarrotes, aceites, quesos y todo tipo de lácteos, frutas etc. Los pabellones de la carne, los pollos, los pescados eran los preferidos de Enzo. Los vendedores de estos pabellones le regalaban muchos desperdicios de sus productos. El de las carnes le tiraba su hueso para que se lo ruñera. El del pollo siempre le guardaba vísceras. El de los pescados también le regalaba las vísceras cuando los arreglaba para las ventas. El del pabellón de los quesos también le guardaba a Enzo su pedazo de queso cuajada.

Enzo medía cincuenta cm de largo sin contar su cola, siempre la mantenía erguida de lo feliz que vivía. Su altura de cuarenta centímetros y un peso de 25 kg. La vida de Enzo era un encanto en el entorno de la plaza de mercado del pueblo y sus distintos pabellones de ventas.

Enzo vagaba libremente, le sacaba el cuerpo a los pocos vehículos que llegaban a la plaza de mercado. Dormía cerca del pabellón de carnes que era su favorito. Tenía su dormidero debajo de un gran alero del pabellón que lo libraba de la lluvia y encima de las cajas de cartón y los empaques de cabuya que dejaban los tenderos. Cuando se encontraba con los otros perros callejeros de la plaza de mercado Enzo corría con ellos, les ladraban a otros perros que no eran de su territorio, también intervenía en esas riñas callejeras y trataba que no pasaran a mayores.

Pero a Enzo le llegó el infortunio, se enamoró de una perrita Pastor Border Collie, se llamaba Matilda. Llegó en el lujoso carro del rico del pueblo. Olía a perfume, traía puesto un chaleco con la luna y las estrellas. Enzo había encontrado al amor de su vida. Cuando el carro del rico partió de la plaza de mercado Enzo lo siguió por el pueblo, llegaron al barrio de los ricos. Era una inmensa casa. Matilda como una princesa se bajó del carro, no miraba para ningún lado, de esa manera mostraba su pedigrí.

Enzo se quedó detrás de un matorral del antejardín de la casa, no pudo entrar a ella. Se quedó a dormir allí con la ilusión de volver a ver a Matilda, pero tampoco apareció ese día. Algunos niños moradores de ese barrio persiguieron a Enzo tirándole palos y piedras. Enzo no estaba acostumbrado a esas persecuciones en la plaza de mercado. Se sintió acorralado y se enfrentó a los niños que le arrojaban los palos y las piedras. Les gruñó, les ladró y les enseñó sus grandes colmillos. Los niños huyeron despavoridos, pero se oyó un gran trueno. Uno de los padres de los niños disparó una escopeta contra Enzo, falló el disparo y Enzo corrió despavorido hasta llegar a su plaza de mercado.

Ya lo estaban extrañando sus amigos de los pabellones. Enzo llevaba día y medio sin comer nada y sin tomar agua. Devoró todo lo que le dieron y se bebió un gran tazón con agua. Recobró su antigua vida, pero no olvidaba a Matilda, ya no le llamaba la atención apretarse a todas las perritas gozques de la plaza que siempre estaban dispuestas para él, porque siempre llegaba de primero. Sus amigos de los pabellones observaban con preocupación la pérdida de apetito de Enzo. Había perdido al menos cinco kilos. Era otro gozque cualquiera de la plaza de mercado.

Un sábado del mes de abril, Matilda volvió a aparecer en la plaza a bordo del lujoso carro de su amo. Para sorpresa de Enzo, Matilda le lanzó una tierna mirada y le ladró con ternura. Estaba en el período de celo. En un descuido de su amo se bajó del vehículo y corrió donde Enzo. Este al verla, saltaba de la felicidad y espantó a sus amigos. Había salido triunfante y ladrando. Matilda se le arrimaba cariñosa.

Horas más tarde, Enzo, sin que nadie lo invitara, llegó a la casa de Matilda, permanecía a su lado disfrutando de todo lo que le daba su amo. El rico del pueblo resultó ser un hombre amante y cariñoso con los perros, además se sentía feliz con los amores de Enzo y Matilda.

CERVEZA
PARA CALIFA

A sus setenta años de edad don Emilio se decidió a comprar un caballo para recorrer su finca cafetera en el Departamento de Caldas en la República de Colombia. La finca se llamaba "El Edén". Por cuatro generaciones, la familia de Don Emilio cultivaba el café. Su finca tenía una producción de cien toneladas de café bianualmente y otras cincuenta y dos cada mitaca. Las actividades en la finca eran muy variadas. En época de cosecha se recolectaba en cereza el café, se pesaba en el sitio de la cosecha para pagarle al recolector al fin de la semana de trabajo. Los sacos de café en cereza se llevaban al beneficiadero de café, se pelaba, se lavaba, se obtenía el grano pergamino y se colocaba a secar en el silo. Una vez seco el café, se empacaba, se pesaba y se llevaba a la cooperativa de caficultores para su venta y exportación.

Los nueve meses restantes del año diferentes a los de cosecha, las actividades se aplicaban a la limpia de los cafetales. Aplicación de pesticidas para proteger de las plagas el cultivo, por último, llegaba la abonada de los cultivos. Hasta los setenta años Don Emilio realizaba a pie el recorrido de las veinticinco hectáreas de su hacienda para revisar todas las actividades; pero le llegó el reumatismo y su desplazamiento se hacía dificultoso. Le aconsejaron comprarse un caballo en la próxima feria del pueblo. Le ofrecieron un caballo mestizo, hijo de yegua colombiana y padre árabe, se llamaba "Califa". A Don Emilio hasta el nombre le gustó y lo compró.

Cerca de su finca existían varias "Fondas". Sitios donde los finqueros adquirían provisiones y además tomaban licor y escuchaban música los fines de semana. Don Emilio no era ajeno a estas reuniones con consumo de licores en la Fondas los fines de semana.

El caballo Califa estaba domesticado, era de mediano porte, cuello largo y erguido, crines largas, pesaba alrededor de doscientos cincuenta kilogramos, una alzada de 1.5m, un largo de 2.4m y alcanzaba una velocidad de hasta cuarenta kilómetros por hora. Su anterior dueña, una finquera del Departamento del Quindío le había enseñado a inclinarse con las dos patas delanteras para ella subirse al caballo. Esto era una gran ventaja para Don Emilio debido a su artritis.

Don Emilio comenzó a realizar sus recorridos por la finca montado sobre Califa. Los trabajadores unos por respeto y otros, los más antiguos, por tomarle el pelo se quitaban el sombrero a su paso con Califa. Don Emilio se reía y hacia agachar a Califa, todos le aplaudían. Cuando se terminaba el recorrido por la finca, Don Emilio le hacía picar un pasto fresco a Califa y se lo mezclaba con concentrado para caballos. Los fines de semana, al pasto con concentrado, Don Emilio le agregaba dulces de panela de la caña de azúcar. Califa se desmayaba de la felicidad. Pareciera que le estuvieran dando el "Maná" del cielo, que Dios le enviaba a los Israelitas.

Un fin de semana Don Emilio pasó a visitar a uno de sus vecinos, Don Alberto, este Señor era propietario de "Esmeralda", hermosa yegua de "paso fino colombiano". Cuando llegaron a la finca y Califa vio a Esmeralda, casi se enloquece, comenzó a piafar y caminar en círculos, se había soltado de la talanquera donde lo había dejado Don Emilio. Esmeralda estaba haciendo lo mismo, ambos propietarios tuvieron que ir a recobrar sus equinos. Califa llegó ese domingo al Edén, perdidamente enamorado.

Al miércoles siguiente en el recorrido con Don Emilio por los cafetales, Califa quería seguir para la finca de Don Alberto a visitar a Esmeralda. Don Emilio le tuvo que templar la rienda para tenerlo y terminar el recorrido.

Llegaron las fiestas decembrinas, Don Emilio era un fanático de ellas. Desde noviembre hacía armar el pesebre frente al silo. Cuando le tocaba el día del novenario con sus vecinos en el Edén, preparaba tremenda fritanga y licor, todo ese día había gran francachela. Hizo partícipe a Califa de la fiesta, le dio cerveza, Califa se la bebió con gran gusto, y pateando el suelo dio a entender a don Emilio que le diera más. Fueron cinco en total, entonces Califa se echó a dormir.

El próximo día de novena se realizaría en la finca de don Alberto. Califa llegó piafando y dando vueltas en círculo, casi que no deja apearse a Don Emilio, lo mismo hizo Esmeralda. Los tuvieron que encerrar en caballerizas separadas. Como a las tres horas de iniciado el novenario Don Emilio le llevó cerveza a Califa a la caballeriza. Se olvidó Califa de Esmeralda y continúo pidiendo cerveza, hubo que dejarlo hasta el otro día en la caballeriza de Don Alberto. Cuando fueron por él, Califa recordó a Esmeralda, derribó a su jinete quien era un empleado de Don Emilio, y se fue para la caballeriza de Esmeralda. Como pudo la liberó de la caballeriza y ambos salieron juntos potrero arriba. Los dejaron retozar y esperaron hasta que regresaran por sí mismos a sus respectivas casas.

En esas mismas fiestas decembrinas Don Emilio se iba alicorado con Califa para las fondas, mientras él se entraba a tomar licor, a Califa le llevaban cerveza: cuando Don Emilio llegaba Califa se agachaba para facilitarle la montada. Varias veces Don Emilio se dormía en la silla y Califa se echaba para esperar a que despertara. Ambos se entienden muy bien, continúan en la misma tarea.

CLOE LA IGUANA FELIZ

Cuando sus padres compraron un lote para construir una cabaña en el piso térmico caliente, de la ciudad donde vivían, distante cuarenta y tres kilómetros por vía terrestre de su ciudad, Felipe había cumplido los dos años de edad. Era el único hijo de dos jóvenes profesionales, el padre médico pediatra y la madre arquitecta.

Patricia, la madre de Felipe, realizó un agradable diseño de la cabaña, acorde con un riachuelo que bordeaba el condominio y la cabaña. Todos los fines de semana viajaban para supervisar la construcción, mientras Patricia hacía los ajustes de la construcción, su esposo Armando se iba con Felipe para la piscina de los niños.

Cuando Felipe cumplió cinco años sus padres se los celebraron con sus amiguitos. La reunión se efectúo en la cabaña campestre. Al otro día Armando y Felipe se dirigieron a la piscina para niños, cuando Armando trató de ingresar a Felipe a la piscina este lanzó un alarido. No fue un grito, era terror. En la piscina se encontraba sumergida una iguana joven, se deducía por su tamaño, a Dios gracias Armando no había ingresado todavía al niño a la piscina. Lo único que sabía de iguanas era que eran reptiles, que ponían huevos, y que se encontraban en las zonas cálidas del país.

Se retiraron con precaución y se fueron para el kiosco a observarla. La iguana permaneció aproximadamente veinte minutos sumergida, luego se retiró de la piscina y se dirigió al riachuelo. Cuando regresaron a la ciudad Armando profundizó en el conocimiento de las iguanas. Viven entre diez y quince años, suelen utilizar la cola como látigo para su defensa ante animales más grandes. Viven en árboles y se sumergen en el agua cuando son atacadas, pueden llegar a medir hasta dos metros, más que todo por la longitud de su cola, mientras más húmedo es el entorno donde viven, mayor es su tamaño. Es un saurio herbívoro, cuando extienden su papada calientan todo su cuerpo. Cuando son jóvenes, sus colores son vivos y brillantes. Se van apagando con la edad, el macho es más grande que la hembra. Cuando se sienten atacadas hinchan su papada y su cuerpo y preparan su cola como látigo. Les gusta la lechuga, el rábano, calabazas y berros.

Cuando la iguana se siente feliz se echa en el prado y apoya la cabeza.

Felipe no quería volver de paseo a la cabaña campestre, sus padres intuyeron que había sido por la iguana; entonces comenzaron a explicarle todo lo que habían leído sobre ellas. No debía gritar cuando la viera, ni perseguirla. Debería hacerse su amigo ofreciéndole comida. Llevarían lechugas y rábanos para darle y observar la actitud hacia ellos.

Felipe se entusiasmó con la idea, quería que se convirtiera en su mascota de acuerdo a lo que su padre le había explicado. Aprovecharían las vacaciones de mitad de año para lograrlo.

Se llegaron las vacaciones, se fueron para la cabaña campestre y se dedicaron a buscar la iguana. Felipe la bautizó con el nombre de Cloe, decía que era hembra porque había visto otras más grandes en la zona. Al tercer día apareció Cloe en la piscina para niños. Lo más seguro era que ya estaba acostumbrada a ella. Cuando salió, Patricia le dijo a Felipe que ella trataría de acercársele y que él permaneciera lejos observando. Se le acercó con unas hojas de lechuga; Cloe se detuvo y enseguida se hinchó en señal de peligro. Patricia se detuvo y colocó varias hojas de lechuga sobre el prado.

La iguana se mantuvo expectante un rato, luego se comió las lechugas, Patricia le colocó otras más, Cloe se acercó más y también se las comió. Cuando terminó, se echó sobre el prado y agachó la cabeza. Patricia entonces se acercó y le ofreció más lechugas en la boca. Cuando regresaron para la cabaña Cloe los siguió, ingresó también con ellos a la cabaña y se tendió sobre el piso. Le trajeron rábanos y papaya y se los comió. Ese fin de semana ya Cloe era la mascota de Felipe, los seguía a todas partes.

Al finalizar las vacaciones de mitad de año, Felipe quería llevarse a Cloe para la ciudad. Sus padres le explicaron que ese hábitat no era para Cloe. La ciudad era de clima frío, donde vivían no había vegetación. Al fin lo convencieron que si la llevaban Cloe se moriría.

Al fin de semana regresaron a la cabaña y a la media hora Cloe llegó a reclamar su lechuga y su papaya, ingresó como Pedro por su casa y pasó todo el fin de semana con ellos. Por tres años se siguieron las visitas de Cloe a la Cabaña. Ese diciembre Cloe no apareció a la cabaña, ni tampoco los otros fines de semana que siguieron, pero apareció en Semana Santa con dos iguanitas. Desde entonces ya son seis los habitantes de la cabaña los fines de semana.

NEREO EL DELFIN ROSADO

Nereo Y Nerea son dos delfines rosados que viven en el río Amazonas cerca al puerto de Iquitos en el Perú. Este Puerto tiene una población de medio millón de habitantes, es la Capital de la Amazonía Peruana, fue fundada el 5 de enero de 1864. Actualmente es un gran centro turístico peruano por su gastronomía selvática amazónica, sus fiestas patronales y el avistamiento de los delfines rosados del Amazonas, una especie en extinción.

Estos delfines son sociables, no atacan al ser humano, más bien los atraen, también son curiosos como los gatos y muy inteligentes, se alimenta de más de cincuenta especies de peces, cangrejos, moluscos y tortugas de agua dulce. Es el único delfín que posee el cuello flexible.

Se puede mover de lado a lado, le representa la ventaja de navegar entre los árboles cuando los bosques están inundados.

Nereo ya había cumplido los dos años de edad. Tiempo durante el cual siempre estuvo al lado de su madre. Al lado de su madre participaba del grupo de trece delfines que, al amanecer en el río Amazonas, saltaban felices después de haber encontrado su sustento. Su madre lo había bautizado como Nereo, rey mitológico de los mares. Esperaba que sobresaliera entre todos los del grupo. Este ritual lo realizaban los del grupo por años, emitiendo sonidos y gritos desbordantes de felicidad.

En las tardes volvían a repartirse en grupos de a tres para abarcar mayor espacio sobre el inmenso río para agrupar el pescado que iban a consumir en la noche. Esto se había convertido en un rito durante todos esos años. Luego partían a descansar y esperar el nuevo día y seguir con la rutina. Nereo después de varios meses de estar con el grupo se aisló de ellos. Se convirtió en un delfín solitario. Se sumía en sus pensamientos porque se había creado una ilusión: "Nerea", así había bautizado a su amada, la que tendría siempre a su lado.

En sus sueños sentía su aroma, su presencia y su compañía, no necesitaba al grupo de los trece incluyendo a su madre. Los otros delfines del grupo empezaron a diagnosticar a Nereo. Unos decían que le tenía miedo a los bosques, cuando llegaran las inundaciones en la época lluviosa. Los más ortodoxos le comentaban a la madre de Nereo que él se estaba perdiendo los mejores años de su vida de delfín.

Nereo soñaba con grandes paseos por el río al lado de su amada Nerea. Los hermosos atardeceres con la puesta del sol y el fresco amanecer que según la tradición: "Cuando el Gallo canta, todo el mundo se levanta"; pero la dura realidad lo sacaba de sus sueños. Luchaba día tras día, desde el amanecer hasta el atardecer, su energía se desgastaba en esa lucha. Entonces tomó la determinación de construir una nueva vida llena de motivaciones y acciones. Comenzaría a vivir su propia historia.

Se alejó mucho más del grupo de sus delfines, ya había llegado la época de las lluvias. Los grandes bosques selváticos ya estaban inundados, Nereo se adentró en ellos, pudo más la aventura que la prudencia. Empezaba a oscurecer y Nereo ya se sentía fatigado. Le dolía su flexible cuello de tanto observar los sitios por donde tenía que nadar, hasta lograr encontrar otro de los grandes ríos de la selva donde posiblemente hallara otro grupo de delfines rosados, pero Nereo no encontró el otro gran río. Encontró una cueva sumergida. La estudió con cuidado para no hallar algún animal dentro de ella. De pronto sería un depredador de delfines, y él ya se encontraba sin fuerzas para huir. Afortunadamente no había tal depredador. Nereo cayó en un profundo sueño hasta el amanecer.

Con las energías renovadas Nereo continúo nadando por los bosques inundados hasta que encontró otro gran río el Tocantis. Grandes cantidades de peces pasaban junto a él, pero Nereo buscaba a los delfines de su especie esperando encontrar a su Nerea, al amor de su vida, la que lo acompañaría por siempre.

De pronto apareció en un delfín joven, se le acercó y le preguntó su nombre. El joven respondió que se llamaba Piyuyo y estaba perdido de su grupo. Nereo le dijo que nadarían juntos hasta que lo encontraran. Piyuyo le preguntó a Nereo la razón de hallarse en el gran Tocantis, Nereo respondió que buscaba a su amada, tal vez la encontrara en el grupo de Piyuyo.

Después de nadar juntos por varias horas se encontraron con un grupo grande de delfines de su misma especie, pero no era el grupo de Piyuyo. Este lo reconoció casi que de inmediato, eran delfines desconocidos para ambos. Se sintieron confundidos, no sabían si unirse a ellos o continuar su camino. La decisión la dejaron para el otro día porque ya era tarde y todos los del grupo y ellos también querían descansar.

Al otro día Piyuyo le comentó a Nereo que había tomado la decisión de quedarse en ese grupo. Allí encontraría el objetivo de su vida, Nereo le comentó que continuaría buscando a su Nerea. Cuando se disponía a partir, pero algo extraño se lo impidió, miró a su alrededor y observó que una hermosa delfín lo observaba extasiada, le hizo sentir vida a su piel dormida:" Era su Nerea".

Por fin había encontrado al amor de sus sueños. Nereo que había sido infatigable en perseguir la ilusión de su vida, al fin la había encontrado. Nereo y Nerea permanecieron juntos con ese grupo de delfines hasta el fin de sus días.

TINA Y MANDOLA

Los elefantes son una familia de mamíferos placentarios del orden Proboscidea, antiguamente se les clasificaba como Paquidermos. Tina y Mandola eran dos elefantas africanas cuyo período de gestación es de veintidós meses, viven hasta los 60 y 70 años, es el mamífero más grande de la tierra, pueden pesar hasta ocho toneladas, siete metros de largo y tres de altura, tienen tres dedos en la pata trasera y cinco en la delantera.

Las tres necesidades básicas del elefante son: libertad del dominio humano, espacio para moverse y vivir en manada; a través de los años estas necesidades básicas del elefante han sido violadas continuamente por el ser humano, su mayor depredador. Los han sometido a duros entrenamientos basados en golpes con látigos, cadenas y lanzas de hierro afilado que entierran en sus patas para neutralizarlos y obligarlos a realizar diferentes trucos. De esta manera los podían vender a circos y zoológicos de muchas partes del mundo.

A Tina y Mandola antes de ser cazadas en su manada; les encantaban las sandías, rascarse el lomo contra los árboles, tirarse tierra colorada encima, jugar con agua y recorrer grandes trechos con la manada. Cuando fueron cazadas, las separaron de la manada, y luego fueron vendidas a dos zoológicos, uno en Alemania y el otro en Argentina. Tina y Mandola solo tenían cinco años de edad.

Estos zoológicos tenían gran afluencia de público los fines de semana. Se podría aseverar que el fin de semana era el paseo al zoo con toda la familia, especialmente cuando los hijos eran niños. Siempre los niños preguntaban a sus padres por la mirada triste tanto de Tina como la de Mandola, la mayoría de los padres no sabían cómo explicarles a sus hijos que ellas estaban en un hábitat diferente al de su nacimiento y al de su manada. Las acercaban al público utilizando un instrumento llamado ankus. Consiste en una vara larga con un gancho metálico en uno de sus extremos, para poder ejercer el control sobre el animal, esto debido a las dimensiones de los elefantes. No tienen ellos la capacidad de determinar por sí mismos el acercarse o no al público. Además, el acercamiento al público estaba limitado por un foso de concreto de dos metros de profundidad. Se dice que los elefantes poseen memoria de empatía con sus semejantes cuando se encuentran, también se preocupan por sus semejantes cuando el otro, o los otros están afligidos. Cuando los elefantes están tristes, demuestran este sentimiento por medio de la trompa, la arrastran. Otro síntoma es el de los hombros caídos y los ojos entrecerrados, así permanecían Tina y Mandola en sus respectivos zoos, de allí la pregunta de los niños a sus padres.

En el año 2016 la república latinoamericana del Brasil, abrió en el Estado Brasileño Central de Mato Grosso el primer santuario latinoamericano para unos cincuenta elefantes "SEB". Lo fundó la organización sin ánimo de lucro con sede en los Estados Unidos, de América "Global Sanctuary for Elephants "; tiene una extensión de veintiocho hectáreas y su clima y vegetación tienen gran parecido con el hábitat original de Tina y Mandola en el Continente Africano.

Grace una destacada protectora de animales a nivel mundial, en uno de sus recorridos por el continente africano, se logró enterar de la venta de Tina y Mandola. Se propuso entonces visitar ambos zoos para observar el estado de ellas, la venta se había producido veinte años atrás. Ambas arrastraban la trompa, tenían los ojos entrecerrados y los hombros caídos. Los empleados de los zoológicos le comentaron que así se mantenían siempre en esos zoos. Grace se propuso entonces reunirlas en el SEB en Mato Grosso.

Escogió el santuario brasilero por la cercanía a la Argentina donde se encontraba Mandola, además por el clima, el paisaje y la vegetación muy similares al entorno africano. El traslado se realizó primero con Mandola, tan pronto llegó al santuario levantó los hombros, abrió completamente los ojos y no volvió a arrastrar la trompa cuando salió veloz y barritando a encontrarse con la manada. Todo esto a pesar que Mandola tenía una herida en su pata trasera izquierda, resultado de una lesión en el zoo argentino. Explicaba el médico veterinario que la recibió en el SEB, que la alegría que le causó el regreso al entorno similar al original, le había hecho olvidar el dolor, había que tratarla. El traslado de Tina se tornó un poco más complejo por la travesía marina y la serie de permisos que se tuvieron que obtener, para poderla conducir hasta el SEB.

Grace quiso estar presente en el encuentro de las dos elefantas, por esa razón estuvo junto a Tina todo el tiempo que se tardó en reconocer el entorno. La misma felicidad que había demostrado Mandola a su llegada, tan pronto se unió a la manada y reconoció a Mandola al instante. Ambas elefantas se alborozaron, se saludaron barritando con estruendo y entrechocando sus cuerpos; enseguida y ante el asombro de los que las estaban observando, se tomaron por sus trompas y acompasadas en su caminar, salieron tras la manada, felices, como lo habían hecho hacía veinte años. Parecía que el tiempo no había trascurrido para ellas.

LA APLANADORA DE LA SEÑORITA CECI

Camilito era el menor de catorce hermanos, los últimos cuatro hijos del matrimonio de Clemente y Margarita. Habían estudiado el kínder en el colegio de la señorita Ceci, como le decían cariñosamente a Cecilia la institutriz.

Ceci era prima hermana de Margarita, la mamá de Camilito. El papá de Ceci era hermano del papá de Margarita, había tenido en su matrimonio cinco hijas mujeres y un solo varón que era el menor de todos y su madre murió al darle a luz. El padre de la señorita Ceci también murió joven y todos ellos quedaron huérfanos a muy temprana edad. La mayor era Ceci, luego le seguía Teresa, Susana, Inés, Magdalena y el último Luis María.

Ceci se apersonó del hogar y de la crianza de sus hermanos, los padres habían dejado algunas propiedades y dinero. Lo importante se centraba en hacer un buen uso de los bienes, entre todas las mujeres acordaron trabajar independientemente, porque Luis María emprendió vuelo desde muy joven. Era aventurero, guaquero y minero, todas estas actividades de mucho azar para la época en la que vivieron, pero como buen hermano Luis María nunca hizo uso de ningún dinero de la fortuna de sus padres, todo lo dejó al buen criterio de sus hermanas. Mientras él se dedicaba a buscar guacas y tesoros ocultos de los que había bastantes en la zona donde residía.

Un buen día el gobernante de turno quien era uno de sus primos lo llamó a palacio y, lo nombró jefe de la seguridad del presidente. Conocedor de la afición de Luis María por las minas le encomendó rescatar la esmeralda Sofía la que tenía fama de ser la de mayores quilates encontrada en el país hasta esos días. Luís María se dedicó a la misión, para manejar bajo perfil nunca más volvió a visitar a sus amigos, ni a su familia.

Mientras esto sucedía Ceci y sus hermanas montaron una empresa de bordados a la cual llamaban la Randa, todas bordaban y todas tejían. La propiedad donde funcionaba la Randa de las señoritas Jiménez era de ellas, y adquirió una gran fama en el comercio de tejidos y bordados. La otra propiedad que les habían dejado sus padres, era el hogar donde vivían. Pero ocurrió que Ceci se cansó de bordar y tejer como sus otras hermanas en la randa, entonces acondicionó en el hogar un kínder para enseñar a leer y aprender matemáticas a niños hijos de familiares y vecinos. Los recibía entre los cinco y los siete años como máxima edad, el Kinder era mixto lo cual significaba un gran adelanto para la sociedad machista de la época, pues los colegios eran solo de hombres y de mujeres, no los mezclaban.

Poseía Ceci una capacidad innata como pedagoga. Su kínder lo habilitó en una buhardilla del último piso de la casa paterna. Lo construyó como una media torta, al lado derecho mirando hacia el tablero central donde ella exponía su clase. Sentaba a las niñas en bancas escalonadas que servían de pupitre y de asiento, y al lado izquierdo sentaba a los niños, también en bancas en escala, de tal manera que nadie le tapaba la vista a nadie, otro de sus grandes aciertos porque como pedagoga era autodidacta. Pero su más grande acierto era sus métodos franceses para la enseñanza de la lectura y de las matemáticas.

Para la lectura escogió la Citolegia que es un método de lectura rápida, es la muestra del ingenio natural del individuo, Hipólito Augusto Dupont, fue quien la inventó. Dupont salió de las ventas callejeras gracias a la educación que se procuró por su cuenta y, luego, vendría a ser educador en la escuela de Agde y, finalmente, en una que fundara en Marsella. Allí pudo experimentar una manera de leer que rápidamente enseña vocales, consonantes, sílabas y palabras terminando en frases completas. No se quedó en Marsella, sino que pasó a Montpellier y llegó a París donde su plantel ganó pronta fama. Corona de sus esfuerzos fue la condecoración que el propio rey le impuso en mil ochocientos cuarenta y uno.

Su fama llegó hasta nuestro país y las citolegias se publicaron desde la década de mil ochocientos treinta, Temístocles Avella en mil ochocientos ochenta y nueve, Lorenzo Lleras y Manuel Antonio Rueda en mil ochocientos noventa y nueve y la que enseñaba la señorita Ceci, la de Martín Restrepo Mejía en mil novecientos diecisiete. Tomás carrasquilla escribió sobre ella:" Entre pizarra y cartón, entre papel y citolegia se fueron endilgando aquellos cursos, y hoy deletreo, mañana junto sílabas; ora patoles, ya signos, día llegó en que Dimas era hombre de escribir".

La señorita Ceci abrió su Kinder en la década de mil novecientos treinta. Los últimos hermanos de Camilito ya habían ido a su kínder y aprendieron a leer, sumar, restar, multiplicar y dividir en menos de un año como ella lo prometía. A Camilito sus hermanos le decían que lo más terrible de la señorita Ceci era su "aplanadora" pero ninguno explicaba en qué consistía. Camilito ingresó a su kínder sin cumplir siquiera los seis años. Las primeras semanas lo llevaba y lo traía su hermana mayor hasta que él aprendiera a caminar solo las seis cuadras que había de su casa al Kinder. A Camilito lo sentaron en las primeras bancas del lado de los hombres porque Ceci era prima de su mamá, quedaba al frente del lado de las mujeres, y comenzaron las enseñanzas de Ceci, y Camilito era un aventajado estudiante, aprendió también a conocer los castigos de Ceci cuando no estudiaban sus lecciones. El que llegaba al otro día sin hacer la tarea impuesta, si era hombre lo pasaban al lado de las mujeres y si era mujer la pasaban al lado de los hombres. Todo esto era una humillación para ellos, el peor castigo. Cuando eran reincidentes, entonces Ceci los devolvía para la casa y que regresaran con los padres. Otras veces Ceci los ponía a hacer planas de escritura regañándose a sí mismos. Todo esto acaecía en el diario estudiar, pero nada que Ceci utilizaba la aplanadora, ni Camilito ni ninguno de sus compañeros y compañeras la conocía hasta ese momento, pero como dice el dicho "no hay plazo que no se venza, ni deuda que no se pague". En la mañana de un lunes de septiembre un compañerito de Camilito dijo duro que la señorita Ceci olía a carcajada de marrano, ella lo alcanzó a escuchar y lo hizo parar junto al tablero, lo hizo agachar el torso y con un pedazo plano de caucho de llanta de carro le propinó tres planchazos en los glúteos con ese caucho. Esa era la aplanadora de la señorita Ceci, de una vez les dijo a todos que no aceptaba improperios, y que todo el que lo hiciera se hacía merecedor de los tres planchazos con la aplanadora.

Durante los dos meses de septiembre y octubre que faltaban para terminar el año del kínder de la señorita Ceci nunca más se presentaron improperios, y todos los niños salieron leyendo, sumando, restando, multiplicando y dividiendo, como ella lo había prometido a los padres de los niños. Muchos de estos niños fueron grandes maestros en sus respectivas profesiones: médicos, abogados, ingenieros, odontólogos, que eran las profesiones más conocidas de la época.

ÍNDICE

* 9 7 9 8 3 3 0 2 3 9 2 9 0 *